VIDA AMOROSA

MONOTONIA

100 maneiras de apimentar o relacionamento a 2

A vida é muito curta para ser pequena.

(Benjamin Disraeli)

Capa a projeto gráfico:
Danilo Scarpa
(www.estudiomulata.com.br)
Diretora de operações:
Alessandra Ksenhuck
Diretora executiva:
Julyana Rosa
Impressão:
Imprensa da Fé

Dados Internacionais de Catalogação na Publicação (CIP)
(Câmara Brasileira do Livro, SP, BRASIL)

Vida amorosa 100 monotonia: 100 maneiras de apimentar o relacionamento a 2
Autor: Mauricio Sita
São Paulo: Editora Ser Mais, 2012.
Bibliografia.
ISBN 978-85-63178-29-9
1.Relacionamento. 2.Vida amorosa.

CDD- 306.7

Índices para catálogo sistemático:
1. Relacionamento. 2. Vida amorosa.
Editora Ser Mais Ltda
Av. Rangel Pestana, 1105, 3º andar – Brás – São Paulo, SP – CEP 03001-000
Fone/fax: (0**11) 2659-0968
Site: www.editorasermais.com.br e-mail: contato@revistasermais.com.br

Ilustrações

MULATA

Viver é nascer a cada dia. Afinal, todo dia é um novo dia, o que significa uma grande oportunidade para que sejamos uma nova pessoa. Não há rotina na vida. Um dia nunca será igual ao outro. E, se não estivermos gostando dele, temos sempre a chance de reinventá-lo. Este é um livro que pode ser lido a dois ou isoladamente. Apesar de conter apenas "dicas", abrange relacionamentos, felicidade, comportamento social, sexual e qualidade de vida. A maioria das dicas é específica para as mulheres, porque elas aceitam menos a monotonia do que os homens. As mulheres lutam mais pela intensidade do amor e qualidade do relacionamento, enquanto os homens tendem a se acomodar. As dicas servem também aos homens inteligentes, que têm como objetivo evitar a monotonia e apimentar sempre o relacionamento. No meu livro "Como levar um homem à loucura na cama", incluí o manifesto antimonotonia e pró-qualidade de vida. Decidi ampliá-lo e transformar num texto que, em conta-gotas, contém sugestões para evitar ou quebrar a monotonia da vida a dois. As ilustrações, que são verdadeiras obras de arte criadas por Danilo Scarpa exclusivamente para este livro, ajudam na associação das dicas. Eu sou suspeito para falar, mas adorei todas. Não exagero quando afirmo que uma vida só é plena de felicidade se for completada com um relacionamento sexual intenso, prazeroso e que dê muita satisfação. Valorizo tanto uma vida sexual de qualidade que para mim seria muito pouco resumi-la apenas ao que pode ou não ser vivenciado entre quatro paredes. Na vida sexual, o prazer está em curtir tudo e não apenas o orgasmo. Já pensou que pobreza trocar longos momentos ou horas de intenso prazer por alguns segundos de orgasmo? O maior prazer está no antes e no durante. Está na viagem e não apenas na chegada. A felicidade está dentro de nós. Quem a procurar fora estará perdendo tempo. Desejo verdadeiramente que algumas das dicas deste livro possam contribuir para a sua felicidade. Não estou prometendo, entretanto, que vou dar a você a chave da felicidade. Não tenho o grande segredo da vida a dois, e por isso não o posso revelar. Não sou o salvador do mundo e nem tenho a pretensão de ensinar nada para ninguém. O que eu sei, e com certeza você também sabe, é que é muito difícil ser plenamente feliz em uma vida previsível, chata e monótona.

A monotonia mata o amor, portanto não a deixe nascer. Sua vida já está monótona? Esforce-se, use a criatividade e mude-a. Vida alegre e feliz, com plena satisfação sexual, tem a ver com qualidade de vida. E, afinal, não é qualidade de vida que todos almejamos? Pronto. Comecei o livro pelo final. Cada uma das dicas serve para reflexão. Por qual optar hoje? Aceita uma sugestão? Abra o livro em qualquer página, capriche na realização e...seja feliz! Tem gente que fala que a felicidade não existe, apenas momentos felizes. Eu digo que a felicidade existe, entretanto, às vezes, passamos por momentos infelizes.

Aceite que mudar é difícil e vale qualquer sacrifício. Decida que viver sem monotonia passe a ser o seu objetivo. Dê um toque de perfume ao seu cotidiano. Presenteie o seu relacionamento.

Mauricio Sita

Um livro de Mauricio Sita.

Autor do best-seller "Como levar um homem à loucura na cama"

Programem um jantar fora, em local bonito.

Vistam-se com as melhores roupas.
Fiquem lindos um para o outro.

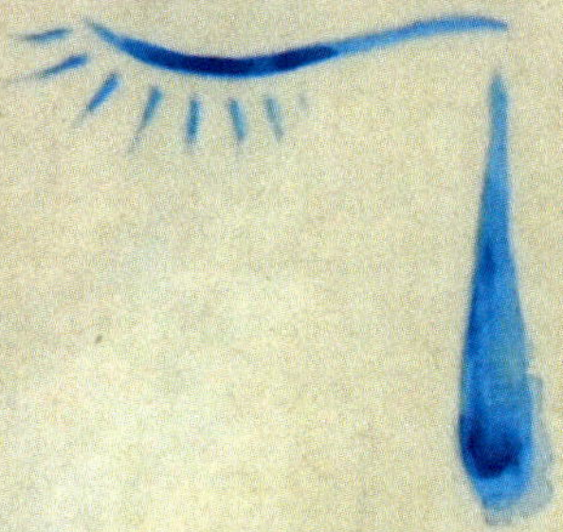

Exponham seus sentimentos.

Não evitem o choro.

Demonstrar que é vulnerável não é sinal de fraqueza, mas de autenticidade e de amor.

Mande presentes para ele.

Surpreenda-o

com flores, livros, chocolates ou bebidas. Envie junto um cartão com mensagem bem sensual, ou se você preferir a mensagem pode ser explícita, ou seja, bem sexual.

Sabe aquelas roupas que você vai vestir
sabendo do prazer que seu parceiro terá em olhar e admirar?
Isso mesmo, aquelas que fazem com que ele as tire rapidinho, de tanto tesão.

Compre em sex shop ou em lojas de roupas femininas

a lingerie que demonstre que você se preparou para ele a para aquele momento de amor.

Por mais que elas durem pouco no seu corpo, tenha certeza de que ele as notará e se excitará muito.

Façam jantares à luz de velas em casa.

Curtam a beleza das flores. Perfumem a casa. Fiquem bonitos e curtam os momentos exclusivamente seus. Dancem ao som de uma música romântica. Digam coisas excitantes nos ouvidos. Beijem-se dançando.

Façam sexo de
formas e posições
diferentes.
Sejam criativos.
Inventem.

As fantasias fazem parte do imaginário de ambos os sexos. Nos sex shop há muitas opções de fantasias de profissões como

bombeiro,

policial,

marinheiro,

enfermeira,

empregada doméstica,

aeromoça,

vendedora de cigarros,

dançarina de cancan etc.

Se a fantasia de usar fantasias fizer parte da curiosidade e dos desejos dos dois é só deixar tudo acontecer. Se o tesão for muito grande, tenho certeza de que ficarão pouco tempo vestidos.

Aproveite
a vida.
Viva intensamente.
Seja uma boa companhia
para você mesma.

Divirtam-se juntos. Dentro e fora de casa.

Deem gargalhadas.

Cantem juntos nos passeios de carro.

Sem preocupação com desafinar, cantem um para o outro.

Deem presentes fora de data.

Não é o valor que conta, mas a surpresa pelo inesperado.

Descubra o prato que seu amor gosta e prepare-o com muito capricho e tesão.

Sim, porque essa será uma noite de agradecimentos.

Assistam a um pôr do sol juntos e quando possível passem a noite em claro e curtam o nascer do sol.

Passeiem de mãos dadas.
Troquem informações sobre o dia a dia.
Façam de tudo para aumentar a intimidade.

Criem uma
linguagem
secreta

e falem de amor na frente das pessoas.

Quando num cinema,
assistam a filmes abraçados.

Deem amassos.

Lembra como isso era gostoso na juventude? E nos cantos bem escurinhos, por que não passar a mão naquilo e até ficar com aquilo na mão?

Onde houver uma música tocando e um espaço para dançar, vá em frente e dance com a pessoa amada. Curta-a em seus braços. Não se preocupe se sabe dançar ou não. Sinta a vibração da música que o universo doou para vocês.

Tenha como objetivo completá-lo sexualmente.

Você só terá a ganhar.

Ele não alimentará sonhos e não desejará satisfazer suas fantasias com outras.

O bumbum "inocente"

Se vocês estiverem em pé em um show ou em uma festa ou mesmo em uma fila qualquer, encoste o seu bumbum nele.

Se o ambiente permitir, pressione com mais força e, ao sentir o "volume", roce no pênis dele. Ambos vão se excitar demais e isso esquenta mais que muitas preliminares.

Preocupe-se sempre em dar
e não em receber.

Quem não tem expectativa de
receber nunca se frustra.

Valorize a sua vida sexual.
Ela é uma das principais responsáveis
pelo seu equilíbrio
e pela qualidade do seu relacionamento.

Não troque um encontro de amor por nada. Esses momentos são únicos. Você viverá novos momentos, mas o que passou, já era.

Nada é mais importante do que estar com a pessoa amada.

Não faça cobranças sexuais repetidas vezes.

Ao invés de deixar seu parceiro mais atuante, você poderá tirar a empolgação dele.

Valorizem as datas especiais.

Façam tudo de forma mais especial ainda. Façam coisas diferentes. Façam sexo em posições diferentes e em lugares diferentes.

De vez em quando,

tome café da manhã só de calcinha.

Achou muita roupa? Varie.

Sirva seu amor na boca e com a

boca

Dê comida com garfo ou ofereça pedaços apropriados com sua própria boca.

Conheçam todas as partes do corpo da pessoa amada.
Sintam-nas com a boca e com os dedos. Há peles e mucosas com diferentes texturas pelo corpo.
Descobri-las dá muito prazer.

Escrevam contos eróticos um para o outro.

Façam da leitura em conjunto um exercício de experiência vivencial.

Habituem-se a criar e a contar fantasias sexuais.

Usem fantasias e máscaras

É melhor realizá-las entre vocês do que dar oportunidade para outro.

Dispam-se na frente do outro. Aprimorem algumas técnicas de strip-tease.

Estimule o voyeurismo de ambos.

Antimonotonia

é tentar fazer com que cada seção de amor e sexo seja diferente.

Quando há o desejo de dar prazer ao outro, o começo é até previsível, mas nenhum dos dois consegue antecipar tudo o que pode acontecer.

O prazer a dois não tem hora para começar.

Muito menos para terminar.

A rotina da hora marcada e a pressa são inimigas do amor.

Se ambos gostarem, escolham filmes eróticos para assistir juntos.

Vista-se com roupa para ser
tirada, com muito prazer.

Vá sem calcinha ao encontro dele.
Se não for perceptível visualmente,
avise-o.

Receba-o em casa só com uma **gravata dele.**

Pode ser borboleta, para cobri-la menos ainda.

Façam massagem um no outro.

Os dois se excitarão muito.

Seja criativa nas depilações da "desejada". Varie o corte, e de vez em quando se depile toda.

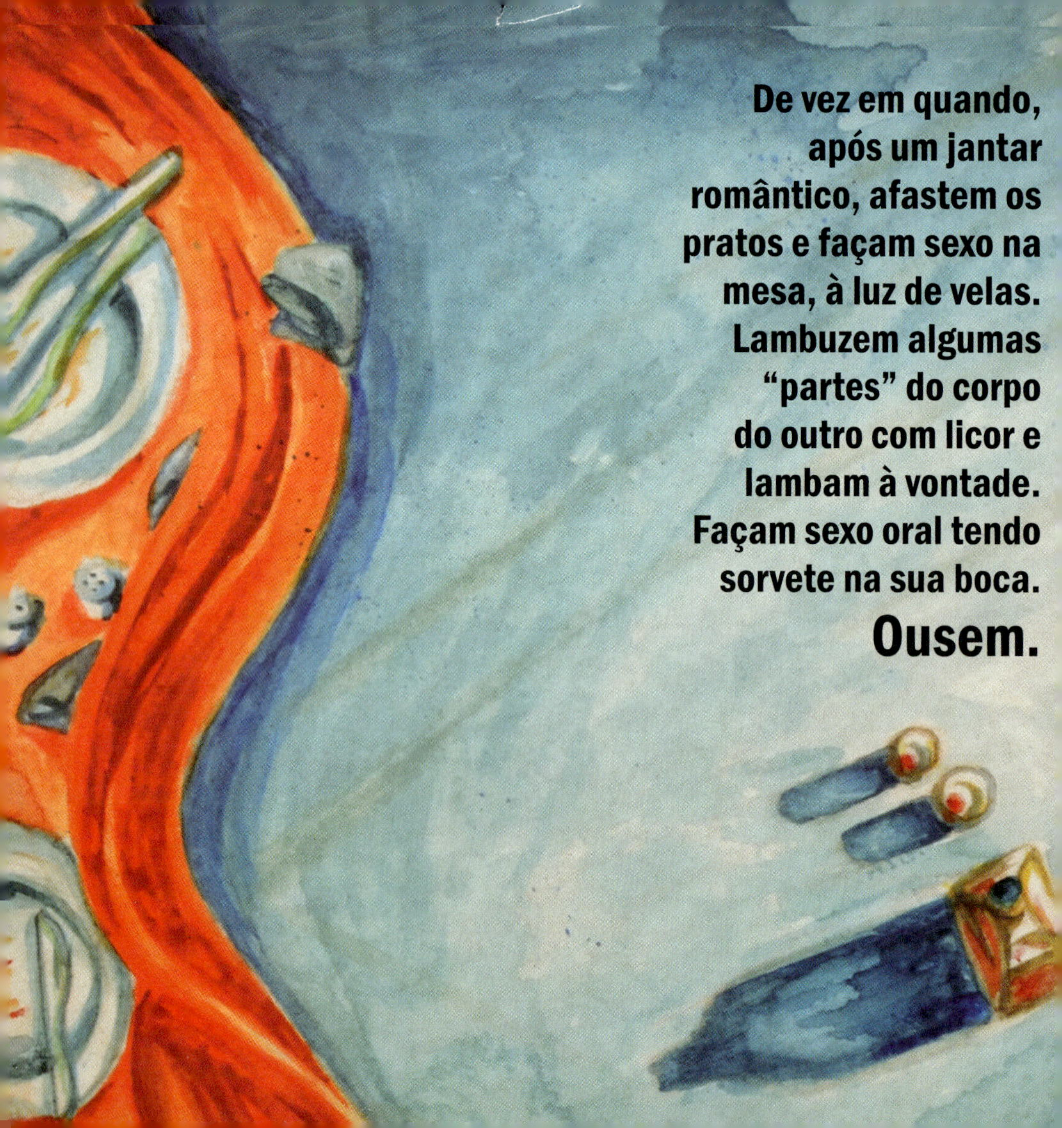

De vez em quando, após um jantar romântico, afastem os pratos e façam sexo na mesa, à luz de velas. Lambuzem algumas "partes" do corpo do outro com licor e lambam à vontade. Façam sexo oral tendo sorvete na sua boca.

Ousem.

Habituem-se a se acariciar,
inclusive na frente dos outros.

Nunca percam a oportunidade
de fazer um elogio sincero.

Elogie o corpo
e o pênis dele.

Façam da casa toda
um ninho de amor.

Façam sexo em todos os
cômodos e móveis.

Perfume a casa

com incenso ou com a essência que ele gosta.

Troquem e-mails ou torpedos
apimentados
durante o dia.

Façam sexo amarrados por um cinto, corda ou com lenços grandes e resistentes.

Torpedos, telefonemas e e-mails

podem ser usados para "jogar" durante o dia e explorar o imaginário um do outro. Já pensou qual a reação do seu parceiro se você enviar um torpedo para ele perguntando:

"Adoraria que estivesse comigo agora. Sabe o que eu faria com você?"

Ou provocar dizendo "Estou sonhando acordada com tudo que quero fazer nesta noite de amor e muito sexo".

"Chegue mais cedo. Quero te chupar muito durante o banho".

"Estou te esperando para que você faça comigo tudo o que quiser".

Quando estiverem fazendo amor, fiquem totalmente à vontade para misturar as declarações de amor com as palavras cabíveis na hora do

sexo mais selvagem.

Não cobrem um ao outro pelo que foi dito. Naquela hora, vale tudo.

Tentem programar, pelo menos a cada três meses, um dia de muito sexo. Pode ser em casa ou num motel. Passem horas alternando preliminares, posições diferentes, coisas novas. Estreiem roupas e brinquedos sexuais. Masturbem um ao outro. Façam longas sessões de sexo oral. Tenham orgasmos diferentes. Continuem grudados após os orgasmos. Agradeçam pelo prazer que o parceiro proporcionou. Não economizem nas declarações de amor e de tesão.

Façam amor
de olhos vendados.
Amarrados, algemados,
vestidos parcialmente.

Sejam criativos.

Enfrentem juntos os tabus sexuais.

Não tenham receio de nada quando estão juntos. Pelo contrário, curtam tudo.

Telefone para ele durante o dia e diga o quanto o ama e deseja.

Peça para vir mais cedo para casa, pois quer uma sessão de sexo mais selvagem.

Frequentem praias mais desertas.

Façam trilhas por campos, parques ou montanhas e nunca percam a oportunidade de falar coisas picantes próximo ao ouvido do outro.
Alguns toques mais calientes serão muito curtidos.

Comentem as grandes experiências sexuais que viveram juntos. As posições inusitadas.

As rapidinhas perigosas.

Façam planos para as próximas vezes. Demonstrem desejos de repetições ou de coisas novas.

Tente tudo no sexo, desde que não agrida você. Muitas, mas muitas mulheres mesmo, têm orgasmo fazendo sexo anal. Não tenha medo de tentar. Com o tempo, poderá gostar de fazer tanto anal quanto vaginal.

Capriche no sexo oral.

Faça-o gozar na sua boca. Engolir ou não dependerá do seu tesão e da sua decisão.

Ao dançar agarradinha, cole mesmo!

Roce sua “desejada” no pênis dele.

Dê sempre uma olhada 360º para perceber se o ambiente permite que o “rala rala” continue ou até mesmo que se intensifique.

Um canto escuro,
atrás de uma cortina,
no banheiro, ou onde a imaginação e uma relativa segurança permitir, são locais altamente excitantes para uma rapidinha ou pelo menos para uma meia transa.

Respire o seu tesão no ouvido dele.

Fale o que está desejando. Prometa um sexo diferente, pós-festa. Entretanto, não o excite demais senão ele vai querer sair da festa rapidinho. A não ser que você também prefira trocar uma festa por outra.

Em festas onde as mesas são cobertas por longas toalhas, sente-se numa posição em que o pênis dele fique ao alcance do seu pé ou da sua mão. Tire sua calcinha no banheiro e dê um jeito de avisá-lo que está sem. Sugira que ele tire o sapato e a meia. Abra-se o suficiente para que o dedão do pé dele possa alcançar a "desejada". O restante vocês saberão como fazer.

Já imaginou que delícia será uma chupada durante o percurso de volta para casa? E que tal desligar o elevador e retomar o sexo oral? Se você mora num andar baixo, pode subir pelas escadas e os degraus poderão ser altamente inspiradores. Se esse retorno da festa for bem depois de meia-noite, provavelmente a garagem do prédio estará sem movimento. Já pensou numa transa no banco de trás do carro? Bem coisa de adolescente.

Quando estiver com muita vontade de sexo, demonstre isso ao seu parceiro. Em locais públicos você pode transmitir seus desejos pelo olhar. Se o ambiente permitir, **passe as mãos lascivamente sobre seus seios,** olhando diretamente nos olhos dele. Ele vai querer encontrar o caminho mais curto para a cama.

Lembra dos amassos mais ousados na varanda da casa ou nas escadas do prédio? E do agarra-agarra no carro? Das passadas de mão no escurinho do cinema? Pense nas outras fantasias da juventude e se proponha a realizá-las. Ele também vai **adorar.**

Seja criativa. Inventar posições e sair da rotina é um dos grandes anabolizantes do sexo. Amplie suas alternativas e

ponha fogo

no seu relacionamento.

Homem adora realizar fantasias da parceira. Gosta da mulher que também saiba ouvir as suas fantasias, entendê-las, e se esforce para realizá-las.

Qualquer esforço para descobrir as fantasias do parceiro será recompensado com prazeres reais.

É muito bom

quando a mulher tem comportamento sexual imprevisível. Mesmo que ela tenha planejado o imprevisto que vai causar.

Toda rotina é broxante e pode representar a agonia de um relacionamento.

Acertando ou não com ele, faça com que de vez em quando aconteça uma rapidinha durante o dia, ou antes de sair de casa pela manhã, ou no **banho** logo ao chegar do trabalho. Surpreenda-o. Dê banho nele. Pode até ser que a sessão principal não ocorra nesse dia, mas a rapidinha sempre tem um sabor especial.

Entre beijos, mordidas e lambidas, faça seu parceiro sentir a sua respiração da orelha aos pés. O ar quente da sua respiração, principalmente em dias um pouco mais frios, causa arrepios de tesão.

Programe viagens com jeitão de lua de mel, fora do tempo.

Aventurem-se em viagens ou locais diferentes.

Essas quebras de rotina são ótimas para ativar as relações.

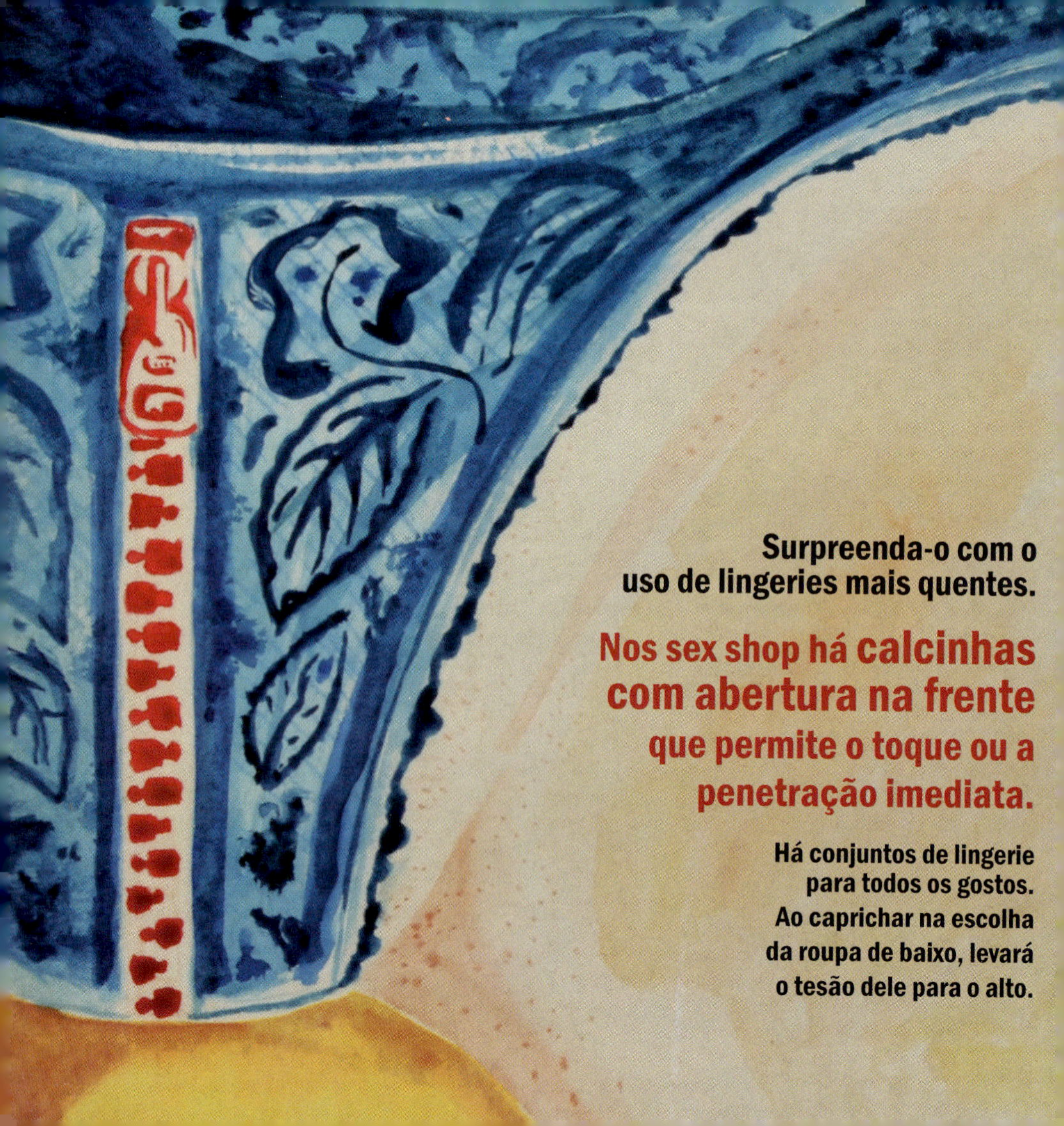

Surpreenda-o com o uso de lingeries mais quentes.

Nos sex shop há calcinhas com abertura na frente que permite o toque ou a penetração imediata.

Há conjuntos de lingerie para todos os gostos. Ao caprichar na escolha da roupa de baixo, levará o tesão dele para o alto.

Escrevam

poemas eróticos.

Se a veia poética faltar, descrevam com muito erotismo as relações com que sonham. Troquem esses textos por e-mail, ou por bilhetes deixados nos bolsos etc.

Frases que agradam aos ouvidos e à alma são

"Eu te amo", "Eu te desejo",

"Adoro ter você na minha vida".

Habituem-se a dizer essas e outras frases semelhantes com a máxima frequência.

Preliminares o dia todo. Para casais que moram juntos, a relação sexual noturna pode começar com o beijo provocante de despedida pela manhã. Telefonemas, e-mails ou torpedos podem alimentar o desejo.

Será um dia todo de desejo sexual à flor da pele.

Prepare um guarda-roupa especial para uma noite de amor. Escolha a calcinha, **varie a lingerie** numa mesma noite. Que tal uma camisola mais ousada para começar a noite e outras para circular pela casa? Demonstre que você se dedicou para criar um clima especial para vocês.

Sedução é a solução. Homem gosta de ser seduzido e não cobrado. Quando ele demonstrar que não está muito a fim de sexo, ao invés do cobrá-lo, seduza-o. Ele não resistirá.

Quando o casal tem o seu nicho de amor, o homem gosta de vê-lo preparado para um banquete sexual. Um pouco de perfume nas cortinas, **um pano colorido sobre o abajur,** eventualmente apenas luz de velas, um CD tocando baixo as músicas que ambos gostam, uma taça de vinho. Nada de muito exagerado, mas a simples demonstração de que a parceira se preocupou em dar um toque especial já é motivo para esquentar mais a relação.

Faça sexo oral no seu homem enquanto ele dirige.

Se ele souber se controlar no volante, você pode até fazê-lo gozar enquanto dirige. Pode gozar na sua mão (há sempre um lenço de papel em qualquer carro) ou até na sua boca, o que o deixará mais louco ainda. Essas "loucuras" ficam marcadas na memória e geram excitação por muito tempo.

Usem e abusem dos espelhos.

Gravem na mente as "fotos" maravilhosas tiradas durante o ato sexual.

Use travesseiros ou almofadas para provocar mudanças nos ângulos de entrada e durante a penetração. Toda fricção diferente é estimulante para ambos. Tente.

Outra forma de brincar em casa para sair da rotina é mudar o local da transa. Experimente transar em cima da máquina de lavar roupas ligada. Que tal a mesa da cozinha? E as cadeiras e sofás da casa? Aquele tapete felpudo da sala já foi estreado por vocês? Não se esqueça do banheiro.

A mulher boa de cama com alguma frequência toma a iniciativa. De vez em quando, joga o homem na cama, tira a roupa dele e "judia" dele. **O homem deve ter uma boa pegada, o que não quer dizer que a mulher também não possa ter.**

Dedique-se a descobrir o corpo da pessoa amada. Beijos, lambidas e até
mordidinhas
podem resultar em estímulos incontroláveis. É muito prazer para os dois.

Programe passeios e viagens sem destino.

A curtição de estarem juntos determinará as paradas estratégicas. Usem e abusem da oportunidade de estarem a sós. Um carro, lindas planícies, montanhas e praias desertas, são verdadeiros ninhos de amor.

Nunca perca uma oportunidade de tomarem banho juntos.

Abuse da
criatividade
sensual
durante os
banhos.

Escreva mensagens de sexo no espelho
do banheiro. Seja criativa, use batom ou pétalas de flores, ou chantilly.

Estimule o lado voyeur que todo o homem tem. O homem se excita demais através da visão. Faça de conta que não está percebendo que ele a está observando e tire calmamente a roupa para entrar no banho. Deixe-o ver você se ensaboando lentamente no banho. Faça do ritual de passar creme no corpo um momento de excitação (perceberá que você também se excitará demais com essa "brincadeira sexy").

O banho é uma ótima preliminar. Além de deixar claro que ambos estão limpos e prontos para serem beijados, **lambidos e chupados,** permite carícias únicas. A massagem feita com sabonete, com paradas nos locais mais conhecidos, dá um imenso prazer a ambos. Use a imaginação, pois no banho dá para fazer quase tudo e um pouco mais.

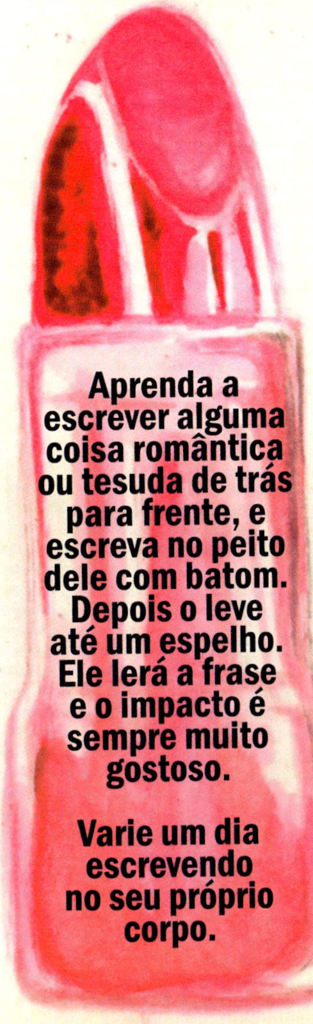

Aprenda a escrever alguma coisa romântica ou tesuda de trás para frente, e escreva no peito dele com batom. Depois o leve até um espelho. Ele lerá a frase e o impacto é sempre muito gostoso.

Varie um dia escrevendo no seu próprio corpo.

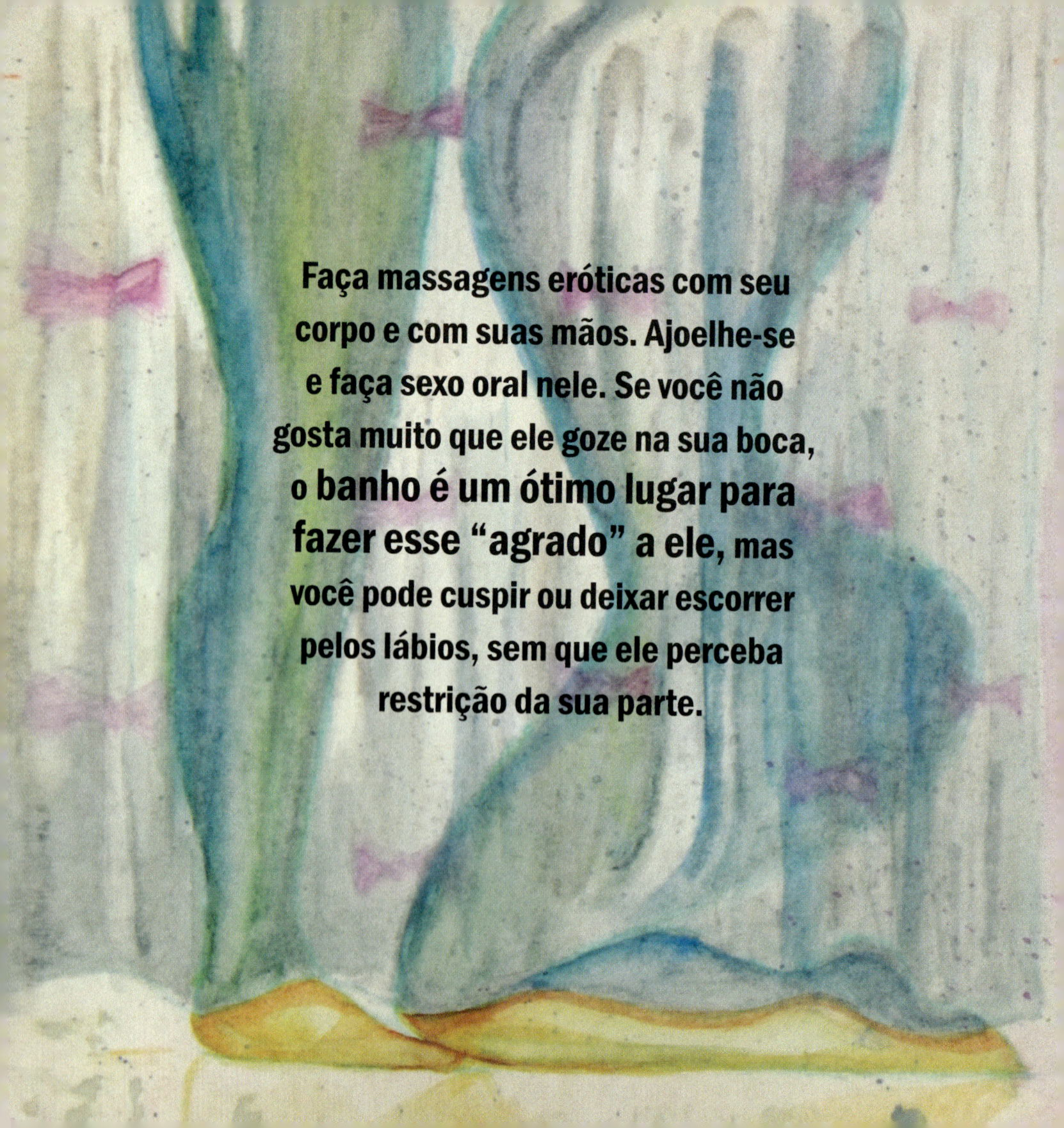

Faça massagens eróticas com seu corpo e com suas mãos. Ajoelhe-se e faça sexo oral nele. Se você não gosta muito que ele goze na sua boca, **o banho é um ótimo lugar para fazer esse "agrado" a ele,** mas você pode cuspir ou deixar escorrer pelos lábios, sem que ele perceba restrição da sua parte.

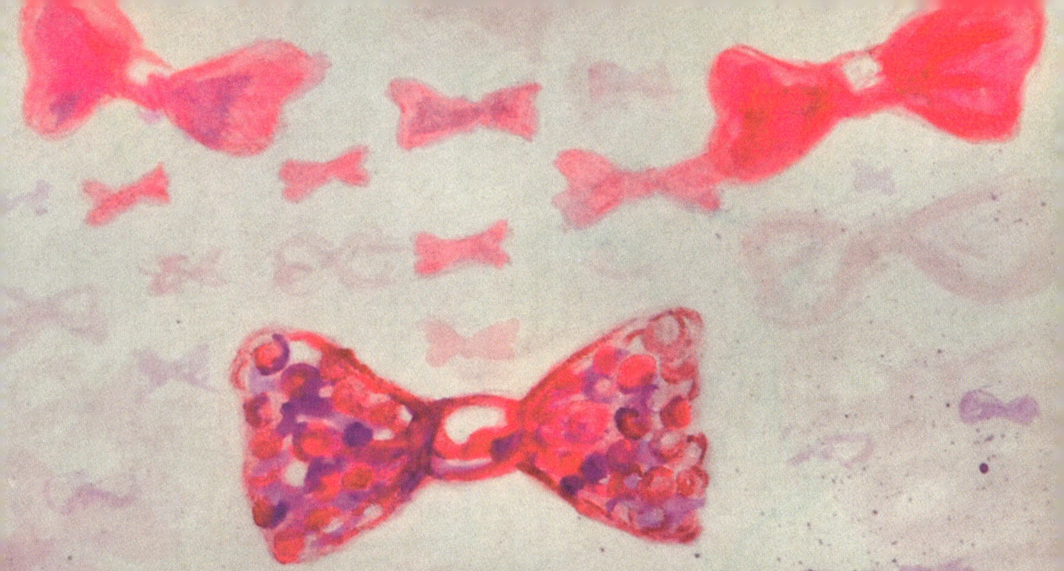

Vista-se de garçonete - Se o programa da noite for um jantar caseiro a dois, receba-o apenas de colete, de avental ou só de

gravata borboleta.

Preciso comentar que nível de "serviço" ele exigirá? Vocês terão nessa noite um belo banquete sexual. E não se esqueçam de arrumar um tempinho para o jantar propriamente dito.

Sabonetes
e esponjas de banho

são deliciosos brinquedos sexuais. Use-os para passar nas partes mais sensíveis. Uma esponja grande, com muita espuma, quando está dobrada e envolve o pênis, causa muito prazer ao parceiro. Sentem-se no chão alternadamente e ajustem a altura para um sexo oral diferenciado. Durante a fase da brincadeira, vocês podem chegar a deliciosos orgasmos ou deixá-los para a cama que os espera.

Sempre que ganhar ou comprar **flores,** aproveite a fase final do viço das pétalas para fazer caminhos de pétalas entre o banheiro e o quarto. Elas são ótimas para emoldurar o seu corpo boiando na banheira, repetindo cenas que grandes filmes já mostraram. Até nos banhos de chuveiro elas servem para cobrir partes a serem descobertas e para fazer todo o mais que sua criatividade permitir. Que tal grudar pétalas no vidro do box ou no espelho e escrever "eu te amo" ou "chupe-me"?

Usem brinquedos eróticos.
Os dois vão se excitar.

Use os jogos sexuais para transmitir seus desejos e para ensinar seu parceiro como é o sexo que você gosta.

Ele vai adorar conhecê-la melhor e proporcionar mais e mais prazer a você.

Estabeleçam prêmios sexuais para cada esporte ou jogos que praticarem,

seja um jogo de tênis, natação, corridas etc.

Quem perder dará o prêmio ou quem ganhar poderá pedir o que quiser.

Pratiquem jogos sexuais,
nem que seja só por diversão.

A
Joguem cartas valendo uma peça de roupa ou um ato sexual sonhado.
A

Há dias em que coisas ruins ou diferentes acontecem e mexem com o humor de um dos dois ou de ambos. Em determinados períodos da vida o estresse perturba o tesão espontâneo. A monotonia da vida sexual é evidente e o erotismo está em baixa.

Para todas essas situações o jogo sexual se presta como instrumento de mudança.

Nos jogos sexuais não há perdedores. Aqui não vale a máxima “sorte no jogo, infeliz no amor.”

Nesses jogos muitas vezes o melhor prêmio fica para os perdedores.

Deem um ar de “coisa proibida”.

Comecem a transa ainda com uma boa parte das roupas. Não tire a calcinha. Apenas afaste-a. Você se excitará e ele enlouquecerá.

Nada de monotonia. Evitem o sexo com programação de dia e de hora. Não repitam sempre a mesma sequência de posições. Fazer tudo sempre igual tira a expectativa da surpresa. Todo tipo de variação é importante e desejável. Isso é um dos temperos do amor e do sexo. Apimenta a relação.